Lies alles über Familie Stolp, und schreibe eine Antwort.

Timo und seine Eltern sind glücklich.
Timo hat einen kleinen Bruder bekommen.
Mama war drei Tage im Krankenhaus.
Heute ist sie mit dem winzigen Baby nach Hause gekommen.
Timo darf einen Namen aussuchen.

Wie soll Timos Bruder heißen?

Er soll _____ heißen.

Lies über Träume und Wünsche. Kreuze die richtige Antwort an.

Nils träumt. Er hat ein Messer. Er hat ein Holzbein und eine Augen-klappe. Auf seinem Hut ist ein Totenkopf. Im Traum ist Nils ein

○ Koch.   ○ Ritter.   ○ Pirat.

Nina träumt. Sie hat ein schönes langes Kleid an.
Auf ihrem Kopf trägt sie eine Krone. Nina heiratet einen Prinzen.
Im Traum ist Nina eine

○ Fee.   ○ Prinzessin.   ○ Hexe.

Jonas träumt. Er hat ganz lange Beine. Er kann über Bäume steigen. Seine Arme haben viel Kraft.
Er kann ein Haus tragen. Im Traum ist Jonas ein

○ Zwerg.   ○ Mann.   ○ Riese.

Lies und male was Timo träumt.

Eine Fee besucht Timo.
Timo liegt im Bett.
Die Fee erfüllt Timo
drei Wünsche.
Timo wünscht sich Eis.
Timo wünscht sich
einen roten Ball.
Timo wünscht sich
einen lebendigen Hund.

Lies alles über den Zoo. Kreuze die richtige Antwort an.

Das Tier hat graue Haut. Es ist dick.
Den Rüssel braucht es zum Fressen.

○ Nashorn  ○ Elefant  ○ Nilpferd

Das Tier kann klettern und turnen.
Es frisst gerne Obst und Gemüse.

○ Eisbär  ○ Giraffe  ○ Affe

Das Tier ist groß. Sein Fell hat ein schönes Muster.
Mit seinem langen Hals erreicht es die Blätter der Bäume.

○ Tiger  ○ Giraffe  ○ Hamster

Mein Lese-Heft 4 – vom Satz zum Text 📖 www.verlagruhr.de

Lies und kreuze die richtige Antwort an.

Der Tierpfleger Max füttert die Tiere.
Er gibt den Eisbären Fische.
Er bringt den Affen Bananen.
Er füttert das Kamel Karl mit Heu.
Er vergisst das Gatter abzuschließen.
Nun wandert das Kamel durch den ganzen Zoo.

Wie heißt das Kamel?
○ Das Kamel heißt Max.
○ Das Kamel heißt Karl.

Lies über den Wald. Kreuze die richtige Antwort an.

Im Wald leben Tiere.   ○ ja   ○ nein

Es gibt Eichhörnchen.   ○ ja   ○ nein

Nachts jagen Eulen.   ○ ja   ○ nein

Es gibt Elefanten.   ○ ja   ○ nein

Füchse leben in einem Bau.   ○ ja   ○ nein

Der Specht ist ein Vogel.   ○ ja   ○ nein

Wildschweine fressen Eicheln.   ○ ja   ○ nein

Im Wald gibt es viele Bäume.   ○ ja   ○ nein

Mein Lese-Heft 4 – vom Satz zum Text   www.verlagruhr.de

Lies und male an.

Der Waldboden ist hellbraun.

Die Baumstämme sind braun.

Die Tannenbäume sind dunkelgrün.

Die anderen Bäume und der Busch sind hellgrün.

Der Fliegenpilz ist rot und hat weiße Punkte.

Welche Farbe hat dein Pilz?

_____

Lies über den Blick aus dem Fenster, und kreuze an.

Ein Mann klingelt gegenüber. Er trägt eine gelbe Jacke.
In seiner Tasche sind viele Briefe. Der Mann ist ein

○ Postbote.　　　○ Lehrer.　　　○ Zeitungsverkäufer.

Peter will über die Straße. Er drückt einen Knopf und wartet
auf grünes Licht. Alle Autos halten an. Peter steht an der

○ Kreuzung.　　　○ Ampel.　　　○ Schule.

Auf der Straße sind ganz viele Autos. Die Autos müssen
stehen. Es geht nicht weiter. Auf der Straße ist ein

○ Haus.　　　○ Auto.　　　○ Stau.

Lies und streiche weg.

Linus schaut aus dem Fenster.

Draußen ist es stürmisch schön .

Die Sonne scheint scheint nicht .

Er sieht einen Vogel zwei Vögel .

Er sieht einen Baum keinen Baum .

Auf der Wiese liegen blühen Blumen.

Auf der Fensterbank steht ein Kaktus eine Rose .

Mein Lese-Heft 4 – vom Satz zum Text ⬚ www.verlagruhr.de

Lies zum Thema Dorf. Kreuze die richtige Antwort an.

○ Das Haus hat einen Balkon.
○ Das Haus hat keinen Balkon.

○ Die Kirche hat eckige Fenster.
○ Die Kirche hat abgerundete Fenster.

○ Vor der Scheune liegt ein Heuhaufen.
○ Auf der Scheune liegt ein Heuhaufen.

Lies und male an.

Alle Dächer sind rot.
Die Schornsteine sind grau.
Die Sträucher sind grün.
Das kleinste Haus ist braun.
Der Kirchturm ist grau.
Drei Häuser sind gelb.
Drei Häuser sind orange.
Drei Häuser sind weiß.

Lies, was alles auf dem Spielplatz passiert. Kreuze die richtige Antwort an.

○ Auf der Schaukel sitzt ein Junge.
○ Auf der Schaukel sitzt ein Mädchen.

○ Ein Kind rutscht hinunter.
○ Ein Kind rutscht herauf.

○ Drei Kinder spielen Seilchen springen.
○ Drei Kinder springen Seilchen spielen.

Lies und schreibe die Antwort.

Anja und Tom sind auf dem Spielplatz.
Sie rutschen und wippen.
Anja sitzt am liebsten
auf dem Wackelpferd.
Zusammen spielen sie im Sand.
Sie backen Kuchen und sieben.
Auf einmal ist Anjas Armband weg.
Sie suchen bei der Rutsche, bei der Wippe, und im Sand.

Wo haben die Kinder noch nicht gesucht?

_____ .

Lies das Rätsel zum Bauernhof. Kreuze die richtige Antwort an.

Sie sind oft rosa und haben einen Ringelschwanz.
Sie fressen alles.

○ Kühe    ○ Pferde    ○ Schweine

Sie geht auf leisen Pfoten und jagt Mäuse. Sie kann miauen.

○ Hase    ○ Hund    ○ Katze

Sie ist oft gefleckt und gibt Milch. Sie frisst Gras und Heu.

○ Kuh    ○ Katze    ○ Esel

Mein Lese-Heft 4 – vom Satz zum Text 📖 www.verlagruhr.de

Lies und streiche weg.

Die Stalltür ist offen geschlossen .

Das Pferd Flicka schaut herein heraus .

Flickas Fell ist gestreift gepunktet .

Sie hat eine lange kurze Mähne.

Vor neben der Stalltür hängt das Zaumzeug.

Flicka möchte auf die Weide Waage .

Sie wiehert weint laut.

Lies über das Thema Meer. Kreuze die richtige Antwort an.

○ Das Schiff hat einen Schornstein.
○ Das Schiff hat keinen Schornstein.

○ Der Taucher sucht nach Schätzen.
○ Der Taucher sucht nach Schuhen.

○ Der Wal lebt in Flüssen und Teichen.
○ Der Wal schwimmt im tiefen Wasser.

Lies und male weiter.

Das Meer ist unruhig
und die Wellen sind hoch.
Auf der Insel
steht ein Leuchtturm.
Er ist rot und weiß,
sein Dach ist schwarz.
Sein helles Licht
ist in der Nacht
schon von Weitem zu sehen.
Das ist wichtig
für die Schiffe.

Lies, was alles im Garten passiert. Kreuze die richtige Antwort an.

Im Garten leben viele kleine Tiere. ○ ja ○ nein

Es gibt Igel. ○ ja ○ nein

Vögel bauen ihre Nester im Baum. ○ ja ○ nein

Auf der Wiese wächst Salat. ○ ja ○ nein

Die Kinder spielen im Sandkasten. ○ ja ○ nein

Die Rose ist eine Blume. ○ ja ○ nein

Blumen hängen am Baum. ○ ja ○ nein

Im Garten gibt es Schmetterlinge. ○ ja ○ nein

Mein Lese-Heft 4 – vom Satz zum Text 🔖 www.verlagruhr.de

Lies und streiche weg.

Die Kinder gucken über den Gartenzaun Tellerrand.

In dem Garten stehen liegen zwei Bäume.

Im Boden steckt ein Garten Spaten.

An einem Baum halten hängen Äpfel.

Ein Apfel liegt lacht auf dem Boden.

Die Blumen blühen beißen bunt.

Lies, was alles auf der Wiese passiert. Kreuze die richtige Antwort an.

Das Tier fliegt von Blüte zu Blüte. Es ist schwarz und gelb.
Es sammelt Nektar. Es kann dich stechen. Das Tier ist eine

○ Schmetterling.   ○ Biene.   ○ Vogel.

Das Tier kriecht am Boden. Du siehst seine Spur.
Nur sehr langsam kommt es voran. Es gibt sie mit Haus
und ohne Haus auf dem Rücken. Es ist eine

○ Schnecke.   ○ Ameise.   ○ Käfer.

Das Tier lebt in einem Bau unter der Erde. Es ist sehr schnell.
Sein Fell ist grau. Katzen jagen es gerne. Es ist eine

○ Maulwurf.   ○ Igel.   ○ Maus.

Lies und male weiter.

Das Gras ist hellgrün.
Der Käfer ist rot.
Im Gras versteckt sich
eine kleine Maus.
Ein Maulwurf guckt
aus seinem Bau.
Auf der Wiese stehen
vier rote Blumen.
Auf jeder Blume sitzt eine Biene.
Die Sonne scheint.
Der Himmel ist blau.
In der Luft fliegen
drei gelbe Schmetterlinge.

Lies alles über den Karneval, Fasching. Kreuze die richtige Antwort an.

Die Kinder verkleiden sich. Emma trägt ein kurzes Kleid.
Im Haar hat sie ein Blumenband. Sie hält einen Zauberstab
in der Hand. Auf ihrem Rücken sind Flügel. Emma ist eine

○ Elfe.   ○ Prinzessin.   ○ Hexe.

Peter trägt einen spitzen Hut. Sein Gewand ist lang. Der Zauberstab
ist wichtig für ihn. Er steht auf einer Bühne. Peter ist ein

○ Zwerg.   ○ Cowboy.   ○ Zauberer.

Heikos Kostüm ist bunt. Auf dem Kopf trägt er eine rote Perücke.
Seine Schuhe sind ihm viel zu groß. Sein Mund ist weiß und rot
geschminkt. Er hat eine dicke rote Nase. Heiko ist ein

○ Polizist.   ○ Clown.   ○ Briefträger.

Lies und male weiter.

Die Hexe hat
einen roten Pullover.
Ihre Haare sind schwarz.
Der Hut ist blau.
An dem Hut ist eine bunte Blume.
Der Rock ist gelb.
Der Besen ist braun.
Der rechte Schuh ist grün
und der linke Schuh ist lila.

Lies alles über die Schule. Streiche in jedem Satz das falsche Wort weg.

In jeder Klasse hängt eine Tafel Taube .

Die Tafel ist grau grün .

Auf die Tafel schreibt man

mit Kohle Kreide .

An den Tischen sitzen Kühe Kinder .

Sie haben ein Buch einen Bauch

auf dem Tisch.

In der Pause spülen spielen sie auf dem Schulhof.

5 + 3 = 8

Mein Lese-Heft 4 – vom Satz zum Text · www.verlagruhr.de

Lies und male weiter.

Joni holt
aus seinem blauem Ranzen
viele wichtige Dinge.
Sein Federmäppchen ist braun.
Darin sind fünf Buntstifte
in gelb, orange, rot, blau und grün.
Der Radierer ist lila.
Sein Frühstück
ist in einer gelben Dose.
Wasser trinkt er
aus seiner bunten Flasche.

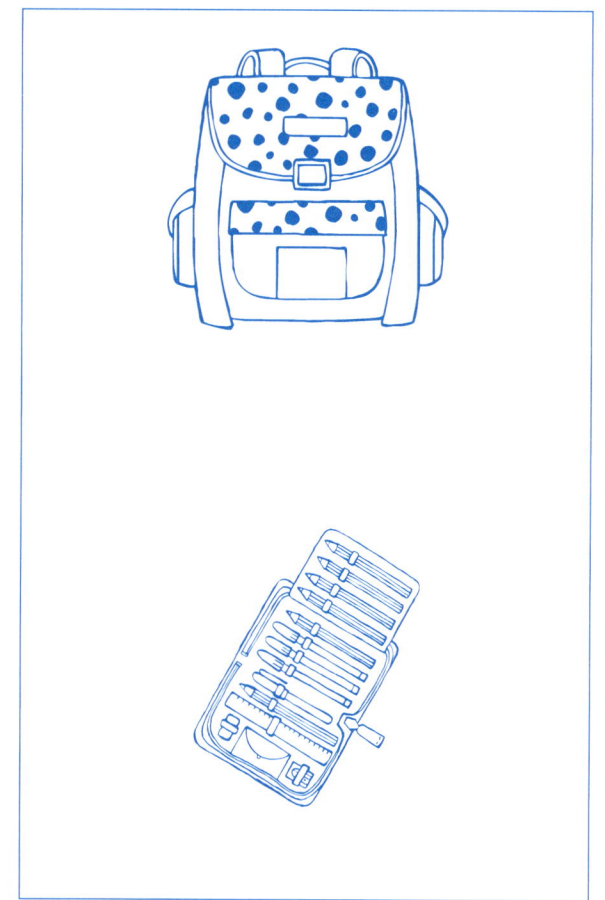

Lies, was man alles im Kinderzimmer findet. Kreuze die richtige Antwort an.

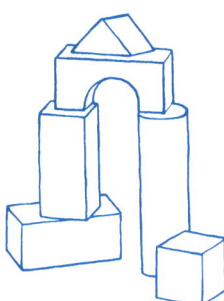

○ Mit den Bauklötzen baut man hohe Tassen.
○ Mit den Bauklötzen baut man hohe Türme.

○ Mit dem Schaukelpferd kann man schaukeln.
○ Mit dem Schaukelpferd kann man schwimmen.

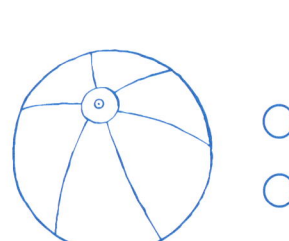

○ Den Ball kann man schießen.
○ Den Ball kann man schließen.

Mein Lese-Heft 4 – vom Satz zum Text ☐ www.verlagruhr.de

Lies und schreibe eine Antwort.

Ben und Jana haben ein großes Kinderzimmer.
In einer Ecke steht die Eisenbahn.
In einer anderen Ecke steht der Kaufladen.
Ben spielt gerne mit dem Ball.
Jana kümmert sich lieber um ihre Puppe.
Abends liest Mama ihnen Geschichten vor.

Wie heißt dein Lieblingsbuch?
Mein Lieblingsbuch heißt

_____ .

Lies, was alles im Badezimmer passiert. Kreuze die richtige Antwort an.

○ Das Kind putzt sich die Zäune.
○ Das Kind putzt sich die Zähne.

○ Aus dem Wasserhahn kommt Wein.
○ Aus dem Wasserhahn kommt Wasser.

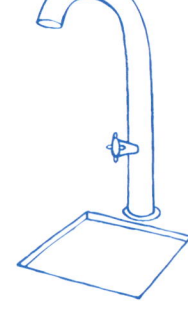

○ Der Junge wäscht sich das Gesicht.
○ Der Junge wünscht sich das Gesicht.

Lies und schreibe eine Antwort.

Jan sitzt in der Badewanne
und spielt mit seinem neuen Schiff.
Er träumt davon, der Kapitän zu sein.
Vorsichtig lenkt er sein Schiff
zwischen hohen Eisbergen hindurch.
Auf einer Eisscholle sitzt ein Eisbär.

Welche Farbe hat sein Fell?
Das Fell des Eisbären ist

_____.

Lies alles über diese lustigen Tiere. Kreuze die richtige Antwort an.

○ Die Kuh hat ein schwarzes Ohr.
○ Die Kuh hat ein schwarzes Auge.

○ Der Pinguin trägt einen Hut auf dem Schnabel.
○ Der Pinguin trägt auf dem Kopf eine Mütze.

○ Die Raupe sieht traurig aus.
○ Die Raupe sieht glücklich aus.

Mein Lese-Heft 4 – vom Satz zum Text · www.verlagruhr.de

Lies und male weiter.

Es regnet. Die Maus
nimmt ihren Regenschirm.
Der Regenschirm
sieht wie Käse aus.
Er ist gelb mit weißen Punkten.
Die Maus trägt einen roten Rock.
Sie hat grüne Stiefel angezogen.
Die Maus freut sich
über den Regen.
Sie stellt sich in eine Pfütze
und spritzt mit dem Wasser.
Auf einmal steckt ein Regenwurm
seinen Kopf aus der Erde!

Lies alles zum Thema Geschäfte. Kreuze die richtige Antwort an.

In einem Geschäft können wir viele Dinge kaufen:
○ Brot   ○ Freunde   ○ Obst
○ Regen   ○ Salat   ○ Käse

In einem Geschäft bezahlen wir mit:
○ Geldscheinen   ○ Gummibärchen
○ Murmeln   ○ Münzen

In einem Geschäft arbeiten:
○ Ärzte   ○ Busfahrer
○ Verkäufer   ○ Krankenschwestern

Streiche in jedem Satz ein falsches Wort weg.

Wir Bananen kaufen heute ein.
Im Geschäft ist sind viele Menschen.
Lena legt Schokolade in zu den Wagen.
Auf Salat einmal ist der Wagen weg!
Eine Frau hat den Wagen

gewogen genommen.
Schnell läuft fliegt Lena zu der Frau.
Die Frau entschuldigt mich sich bei Lena.
Glücklich nimmt Lena aus ihren Wagen.

Lies alles über den Zirkus. Kreuze die richtige Antwort an.

Viele Menschen treten zusammen auf. Sie bauen
mit ihren Körpern eine Pyramide oder einen Turm. Es sind

○ Feuerspucker.　　　○ Magier.　　　○ Akrobaten.

Ein Mann tritt mit seinen Tieren auf. Es sind Raubtiere.
Er lässt die Tiere durch einen Reifen springen. Der Mann ist ein

○ Clown.　　　○ Zauberer.　　　○ Dompteur.

Ein Mann lässt Sachen in seiner Hand verschwinden.
Plötzlich sind die Sachen wieder da! Der Mann ist ein

○ Seiltänzer.　　　○ Zauberer.　　　○ Jongleur.

Lies und schreibe die Antwort.

Im Zirkus tritt der berühmte Zauberer Magifix auf.
Er will einen Hasen in eine Kiste legen
und die Kiste in der Mitte durchsägen.
Dann will er die Kiste wieder zusammensetzen
und den Hasen aus der Kiste holen.
Doch als er mit seinem Kunststück beginnen will,

passiert etwas.

Was passiert?

_____

_____

Lies alles über Winter und Schnee. Kreuze die richtige Antwort an.

○ Aus der Wolke schneit es.
○ Aus der Wolke regnet es.

○ Dieses Haus ist aus Sand gebaut.
○ Dieses Haus ist aus Schnee gebaut.

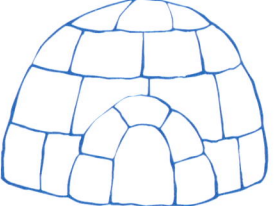

○ Die Katze möchte Schlitten fahren.
○ Auf dem Schlitten sitzt eine Maus.

Mein Lese-Heft 4 – vom Satz zum Text   www.verlagruhr.de

Lies und male weiter.

Es ist Winter. Es schneit
dicke Schneeflocken.
Das Eichhörnchen
möchte Schi fahren.
Es schnallt seine Schi unter
und springt aus dem Nest.
Das Eichhörnchen
trägt eine rote Jacke.
Sein buschiger Schwanz
leuchtet braun. Auf dem Baum
sitzt ein bunter Vogel
und schaut zu.
Unten im Schnee
schläft ein graues Mäuschen.

Lies alles über Sonne, Mond und Sterne.
Streiche in jedem Satz das falsche Wort weg.

Die Erde dreht sich um die Sonne Sahne .

Die Sonnenstrahlen erscheinen uns grün gelb .

Es ist weiß heiß , wenn die Sonne scheint.

Am Abendhimmel sehen wir viele Sterne Stühle .

Wenn es Nacht Tag ist, sehen wir den Mond.

Raumfahrer nennt man Akrobaten Astronauten .

Astronauten fliegen mit einem Raumschiff Traumschiff

zum Mond.

Lies und male weiter.

Die Rakete fliegt
durch das Weltall.
Sie ist auf dem Weg zum Mond.
Die Sterne leuchten gelb.
Der Raketenkörper ist oben rot
mit blauen Kreisen.
Unten ist die Rakete gelb.
Es sieht aus, als würde sie
unten brennen.
Die Seitenflügel sind grün
mit verschiedenen Mustern.
Plötzlich taucht ein Ufo auf!

Lies alles über das Schwimmbad. Kreuze die richtige Antwort an.

○ Im Schwimmbad darf man auch duschen.

○ Im Schwimmbad darf man nicht duschen.

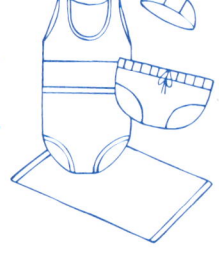

○ Für den Besuch im Schwimmbad brauchst du Badesachen.

○ Für den Besuch im Schwimmbad brauchst du Schulsachen.

○ Im Wasser dürfen Menschen und Tiere schwimmen.

○ Im Wasser dürfen nur Menschen schwimmen.

Lies und schreibe eine Antwort.

Ali ist im Schwimmbad.

Seine Eltern und sein Bruder sind auch dabei.

Ali geht am liebsten auf die Rutsche.

Sein Bruder liebt das Schwimmen.

Nun will Ali zum ersten Mal vom Sprungbrett springen.

Er geht ganz langsam auf das Sprungbrett.

Was passiert?

_____

_____

_____

Lies alles über die Unterwasserwelt. Kreuze die richtige Antwort an.

Im Ozean können einige Tiere leben. ◯ ja ◯ nein

Maulwürfe leben unter Wasser. ◯ ja ◯ nein

Fische können unter Wasser atmen. ◯ ja ◯ nein

Im Meer wachsen auch Pflanzen. ◯ ja ◯ nein

Auf Seepferdchen kann man reiten. ◯ ja ◯ nein

Ein großes Meer nennt man Ozean. ◯ ja ◯ nein

Unter Wasser leben Meerjungfrauen. ◯ ja ◯ nein

Im Meer gibt es Muscheln und Krebse. ◯ ja ◯ nein

Mein Lese-Heft 4 – vom Satz zum Text · www.verlagruhr.de

**Lies den Text, und male
auf der nächsten Seite weiter.**

Der Delfin hat eine grau-blaue Haut.
Über seinem Kopf schwimmen fünf Fische.
Die Fische sind rot und gelb gestreift.
Unten sieht man den Meeresboden.
Er hat die Farbe von Sand.
Auf dem Meeresboden
wachsen grüne Wasserpflanzen.
Das Wasser schimmert blau.
Es steigen viele kleine Wasserbläschen
nach oben.

Mein Lese-Heft 4 – vom Satz zum Text · www.verlagruhr.de

LESEZEICHEN

Dieses Lesezeichen gehört:

_____

Hexe: Anja Boretzki

Mein Lese-Heft 4 – vom Satz zum Text www.verlagruhr.de